Beverley Nichols

Katzen

Aus dem Englischen von Gabriele Haefs
Mit zahlreichen Photographien

Schöffling & Co.

Originaltitel: Beverley Nichols' *Cat Book*,
Thomas Nelson and Sons LTD,
Edinburgh 1955

Erste Auflage 2007
© 1955, 1960 by The Estate of Beverley Nichols
© der deutschen Ausgabe:
Schöffling & Co. Verlagsbuchhandlung GmbH,
Frankfurt am Main 2007
Alle Rechte vorbehalten
Gestaltung: Tanja Nißl
Lithografie und Satz: Reinhard Amann, Aichstetten
Druck & Bindung: Memminger MedienCentrum
Druckerei und Verlags-AG
Printed in Germany
ISBN 978-3-89561-706-5

www.schoeffling.de

»Ich habe nie behauptet,
bei Katzen Vernunft walten zu lassen,
und jetzt ist es viel zu spät,
damit anzufangen.«

Einführung

Was Katzen angeht, so habe ich einen allumfassenden Geschmack, was bedeutet, daß fast alles Katzenähnliche auf vier Beinen – mit langem oder kurzem Fell, mit grünen, braunen, grauen oder blauen Augen, mit oder ohne Schwanz – mich sofort ins Herz trifft. Ich hoffe, daß es Ihnen auch so geht; sonst wird diese kleine Sammlung Ihnen nicht so richtig gefallen.

Es gibt Liebhaber von Siamkatzen, die angesichts von Persern die Nase rümpfen und die für die Anziehungskraft von Straßenkatzen blind sind. Das ist schwer zu verstehen. Ich bete Siamkatzen oder Siamkatzenmischungen an, aber ein Perserkätzchen bringt mich um den Verstand, und oft hat mich der geheimnisvolle Charme eines zerrauften, heiseren Katers, der durch die Gitter eines Parks in Chelsea lugt, zu spät zu Verabredungen kommen lassen. Straßenkatzen sehen vielleicht rowdyhaft aus, aber in ihrem Herzen triefen sie vor Sentimentalität – vielleicht, weil die Welt an sich ihnen nicht wohlgesinnt ist.

Ich habe nie behauptet, bei Katzen Vernunft walten zu lassen, und jetzt ist es viel zu spät, damit anzufangen. Wenn Sie wirklich in die weite feline Welt aufgenommen werden wollen – wenn Sie also den Zauberkreis betreten möchten –, dann dürfen Sie nicht vernünftig sein. Sie müssen sich hingeben. Sie müssen Ihre törichten Vorstellungen von richtig und falsch aufgeben, Sie müssen außerdem auf Ihren Lieblingssessel verzichten. Wenn Ihnen das Privileg zuteil wird, eine Katze auf ihrem gesundheitsfördernden Spaziergang begleiten zu dürfen, dann müssen Sie sich ihren Schritten anpassen, Sie dürfen nicht versuchen, irgendein Tempo vorzugeben. Wenn Sie beim Mittagessen durch die Anwesenheit einer Katze beehrt werden, müssen Sie – was wohl kaum erwähnt zu werden braucht – die Katze als erste bedienen. Das müssen Sie sogar dann, wenn Ihnen klar ist, daß die Katze keinen Hunger hat und das, was Sie ihr vorsetzen, durchaus nicht anzurühren gedenkt. Es geht in diesem Fall um die Geste.

Wenn Sie bereit sind, sich entsprechend zu verhalten, wird Ihre Belohnung grenzenlos sein. Ihre Tage werden erfüllt sein von Überraschung und Zauber, während ein geschnurrtes Wiegenlied Sie des Abends einlullt. Rund um die Uhr hat die Katze etwas zu bieten – eine plötzliche Stellung von wilder Eleganz, einen geheimnisvollen kurzen Blick nach links oder rechts, wenn sie einen magischen oder gefahrverheißenden Ton wahrnimmt, der zu hören uns verwehrt ist, einen unerklärlichen Sprung oder Satz, um schlichte pure Lebensfreude zum Ausdruck zu bringen.

Wir haben in diesem Buch versucht, einige solcher Momente einzufangen. Ich hoffe, daß sie Ihnen so gut gefallen werden wie mir selbst.

Beverley Nichols

Kleine Abenteurer

»Ja. Wir wissen, daß wir von ganz allein in den Korb geklettert sind, und wir wissen, daß du uns das verboten hast, aber es ist ein ziemlicher Sprung von hier oben zurück auf den Teppich, und wir sind noch immer arg wacklig auf den Beinen.«

Können Sie hören, wie der kleine Bursche links etwas sehr Ähnliches sagt?

Mein eigener Kater kann der Versuchung, in einen Korb zu klettern, in eine offene Schublade zu springen oder in einen halbgepackten Koffer zu tauchen, niemals widerstehen. »Neugier«, so heißt es, »hat schon manche Katze ums Leben gebracht.« Aber manchmal glaube ich, daß ihre Neugier eher mich ums Leben bringen wird.

Der Genießer

Die Seele aller Siamkatzen steckt in diesem bezaubernden Bild, denn von allen Wonnen dieser Welt setzen sie die Wärme an die erste Stelle. Sie umarmen die Rohre der Heizkörper, sie rücken so dicht an die Heizsonne heran, daß sie sich den Schwanz versengen. Mein eigener Siamese wandert einfach in den riesigen Kamin in meinem Musikzimmer, während die lodernden Flammen gefährlich nah bei seinem Schnurrbart knistern. Morgens liegt er oft noch immer dort, schlafend neben den schwelenden Schlacken und mit Holzasche auf der Nase.

Aber sie brauchen nicht nur körperliche Wärme; sie verlangen auch nach der Wärme des menschlichen Herzens. Glücklich ist der Siamese, dessen Heim mit beidem gesegnet ist!

Sweet Violets

Sweet Violets ist der Titel des Stückes, das auf dem Klavier steht, und dieser kleine Charmeur bittet offenbar jemanden, es zu spielen.

Mögen Katzen Musik? Manchmal glaube ich, ja. Wenn ein Kätzchen zum ersten Mal Klaviermusik hört, folgt zwar eine eilige Flucht unter das Sofa, um diesem seltsamen, knurrenden Ungeheuer zu entkommen. Aber schon bald kommt es wieder zum Vorschein, und schon bald wird es oben sitzen, aus seinen großen hellen Augen hineinschauen, mit der Pfote über die Tasten streichen und die Hämmer antupfen.

Ich hoffe also, daß irgendwer für unseren kleinen Freund das Stück spielen und es weich und süß machen wird. Denn so ist er ja schließlich auch.

Salonschönheit

Ich weigere mich zu glauben, daß dieses erlesene Geschöpf sich seiner Schönheit nicht durch und durch bewußt ist. Ob sie aus freien Stücken zwischen diese Nelken geraten ist, oder ob sie von ihrem liebenden Besitzer hineingestellt wurde, weiß ich nicht und will es auch nicht wissen. Wichtig ist nur, daß sie offenbar weiß, daß die Nelken ihr stehen, und daß sie so hochmütig posiert wie die verwöhnteste Debütantin.

Natürlich posieren Katzen – wenn sie nur jemanden haben, für den sie posieren können. Mein Siamese strebt immer das blaue Kissen an, weil das zu seinen blauen Augen paßt, und mein schwarzer Kater rollt sich in dem weißen Sessel zusammen, denn der betont sein glänzendes Fell. Was den Getigerten angeht, der posiert auf allem, was gerade zur Hand ist, sogar auf meiner Schulter. Es ist nur eine Frage des richtigen Publikums.

Auf der Gartenmauer

Es ist eine sprichwörtliche Weisheit, daß Katzen – vor allem junge Katzen – gebündelte Neugier sind. Katzen gelingt es, überall hineinzukommen, allein deshalb, weil sie sehen wollen, was drinnen ist.

Meine eigenen Katzen helfen mir immer dabei, Pakete auszupacken, und dann sitzen sie darinnen, sowie der Inhalt entfernt worden ist – und manchmal auch schon vorher. Sie springen außerdem in meine Kommodenschubladen, wenn ich mir ein sauberes Handtuch oder einen Schlafanzug holen will. Und ich kann im Blumenbeet nicht einmal das kleinste Loch graben, ohne daß die eine oder andere von ihnen mir zu Hilfe eilt.

Wie dieses Katzengeschöpf in die Blumentöpfe geraten ist, ist unbedingt ein Geheimnis. Wir können nur sagen, daß es sich dort absolut zu Hause zu fühlen scheint.

Dialog

»Hab ich dir nicht gesagt, daß du deine Pfote nicht in Herrchens Wasserkrug halten sollst?«

»Aber ich hatte Durst.«

»Dann hättest du deine Milch trinken sollen.«

»Die hab ich getrunken.«

»Dann hättest du nach mehr miauen sollen.«

»Das hab ich gemacht, aber niemand ist gekommen.«

»Dann hättest du lauter miauen sollen.«

»Das kann ich nicht. Dazu bin ich noch zu klein.«

»Du bist groß genug, um eine sehr freche Katze zu sein.«

»Ich werde nie wieder frech sein.«

»Kann ich mich darauf verlassen?«

»Ja.« (Pause.)

»Jedenfalls werde ich nie wieder so blöd sein, meine Pfote in Wasser zu halten. Was für ein fieses ekliges Zeug. Wirklich nur für Menschen geeignet.«

Der große Jäger

Er ist vielleicht noch ein Jungkater, aber er kennt bereits instinktiv die geheimnisvolle Technik des Jägers ... die uralten Gesetze, die seine Füße lenken, die seine Nackenmuskeln anspannen und seinen Schwanz zucken lassen.

Alle Tiere jagen. Diese Vorstellung kann bisweilen deprimierend sein – erinnert uns aber daran, daß Natur grausam ist.

Aber ich glaube nicht, daß der in diesem Bild eingefangene Moment eine solche Jagdszene zeigt, aus dem einfachen Grund, daß ein Kätzchen alles jagt – ein Stück Distelsamen, ein Herbstblatt, eine Feder, einen Schatten oder seine eigene Schwanzspitze. Sie können entscheiden, worauf dieser kleine Schurke gerade aus ist.

Natürlich *könnte* es auch eine Maus sein. Aber egal, gefangen hat er sie nicht – noch nicht!

»Eins«

Meine Katzen heißen nach Zahlen, denn in meinem Leben möchte ich hundert Katzen haben, und es wäre doch wirklich zu anstrengend, wenn ich mir für alle Namen ausdenken müßte.

Hier ist »Eins«. Ein Siamese, wie Sie sehen. Er hat blaue Augen und die Stimme, die nur den Siamesen gehört. Manche Katzen stellen sich schrecklich an, wenn sie photographiert werden sollen, aber »Eins« ist immer würdevoll ... fast immer.

Das Wohnungsproblem

Etwas, worüber ich bei Katzen immer wieder staune, ist, wie sie noch im kleinsten Raum Platz finden – wenn sie das wollen – und wie sie sich weigern, noch im größten Raum Platz zu finden, wenn sie das nicht wollen. Eine große Katze kann sich in einer Zigarrenkiste zusammenrollen, wenn ihr gerade der Sinn danach steht. Ein winziges Kätzchen kann nur mit Mühe und Not in einen Wäschekorb gequetscht werden, wenn es keine Lust dazu hat. Gott segne sie für ihren Eigensinn!

Was diese kleine Bande angeht, so scheinen sie sich noch nicht so ganz entschieden zu haben. Sollen sie sich bei den Behörden beschweren? Oder sollen sie eine Party veranstalten? Ich tippe auf die Party.

Bitte, mehr?

Und warum sollte sie nicht um mehr bitten? Denn diese kleine Mutter, deren flehende Augen die Traurigkeit der ganzen Welt widerzuspiegeln scheinen, war dem Verhungern nah, als sie im Keller eines zerbombten Hauses gefunden wurde, eine Woche vor der Geburt ihrer Kätzchen. Aber weil eine Tierhilfsorganisation, *The People's Dispensary for Sick Animals*, sie gerettet hat, kann sie sich auf glücklichere Tage freuen. Und wenn sie weitere Kätzchen auf die Welt bringt, dann wird sie sich hoffentlich an meine Adresse erinnern.

Nur für ein Nickerchen!

Wenn das mein Schuh wäre, würde ich seufzen und sagen, »natürlich, er sei dein«, ich würde es nicht übers Herz bringen, ihn wegzunehmen, sowenig, wie ich es übers Herz bringe, meinen Kater zu verscheuchen, wenn er auf der Morgenzeitung oder in meinem Lieblingssessel sitzt. Katzen sind geboren, um verwöhnt zu werden, und wer sie nicht verwöhnt, hat sie auch nicht verdient.

Fisch – oder Kaninchen?

Was auch immer, ich hoffe, sie bekommt es. Denn wenn eine Katze bettelt, dann liegt das nicht nur daran, daß sie Hunger hat, sie möchte außerdem ihr Leben mit Ihnen teilen. Sie möchte »dabeisein«, möchte Ihnen beim Auspacken von Paketen und manchmal auch beim Umgraben der Blumenbeete helfen, möchte sogar – in meinem Fall – das Badewasser überprüfen. Und je mehr Sie mit der Katze teilen, um so mehr wird sie Ihnen ans Herz wachsen.

Wie geht es Ihnen?

Er ist noch immer ein Katzenbaby und noch immer ziemlich scheu. Aber er streckt die Pfote in der Hoffnung aus, daß irgendwer sie schütteln wird. Ich bin sicher, daß das auch passiert.

Katzen haben viele verschiedene Arten, um »Wie geht es Ihnen?« zu fragen. Manchmal sprechen sie es aus, und dabei benutzen sie eine Art dreifaches Schnurren, um ihr gewaltiges Interesse zu bekunden. Manchmal sagen sie es mit ihrem Schwanz, den sie als Zeichen des Willkommens recken. Manchmal tanzen sie es, indem sie um die Knöchel von Herrchen oder Frauchen die elegantesten Pirouetten oder Gavotten drehen. Manchmal sagen sie es rückwärts, indem sie weggehen, sich an ein Sofa drücken und dann auf schamlos kokette Weise über ihre Schulter zurückblicken.

Und manchmal sagen sie es mit dem ganzen Körper, nehmen Anlauf und springen Ihnen in die Arme. Das ist vielleicht die reizendste Art.

Schöne neue Welt

»So viele seltsame neue Dinge müssen erforscht werden! So viele komische, kantige Dinger lassen die Menschen rumliegen. Natürlich müssen wir das alles untersuchen, müssen es beschnuppern und betapsen. Aber sie gehören eigentlich gar nicht in unsere Welt – denn unsre ist eine Welt aus hohem Gras und wogenden Zweigen und Blättern, die im Wind rascheln.«

Das sagen sie vielleicht. Und ich muß zugeben, daß ich ihrer Ansicht bin.

Wir sind sieben

Wenn ich Ihnen sagte, daß Sie eins dieser hinreißenden Wuschel mit nach Hause nehmen dürften, welches würden Sie nehmen? Zuerst war ich für das ganz links – es sah so frech und unabhängig aus. Dann wollte ich das, das der Kamera am nächsten liegt, und zwar aus genau dem entgegengesetzten Grund – es sah so schüchtern und unsicher aus. Dann weckte das geheimnisvolle Gesichtchen hinten rechts mein Interesse. Und am Ende kam ich zu der Erkenntnis, daß ich alle haben muß.

Das faszinierende an dieser kleinen Gruppe ist natürlich, daß es sich um ein Porträt von sieben *Individuen* handelt. Vielleicht haben sie alle blaue Augen und vielleicht sprechen sie alle mit siamesischem Akzent. Aber sie sind sieben ganz eigene Persönlichkeiten, jede mit eigenen Gedanken, eigenen Vorlieben, eigenen Ängsten, eigenen Sonderheiten. Nur eins können wir mit Gewißheit über sie alle vorhersagen, nämlich daß keine von ihnen später langweilig sein wird.

Wichtige Geschäfte

Zu den bezauberndsten Eigenschaften von Katzen und Kätzchen gehört ihre Konzentration auf Belanglosigkeiten ... wenn sie einem Körnchen oder dem Flausch einer Pusteblume nachjagen, als hänge ihr Leben davon ab. Für dieses kleine Bündel blauen Fells steckt die ganze Welt in einem Büschel grüner Blätter. Manchmal wünschte ich, ich könnte das auch behaupten!

Simon von der *Amethyst*

Katzen, Seeleute und die See sind im uralten Gewebe britischer Geschichte unlöslich miteinander verflochten. Simon von der *Amethyst* ist sich seiner Unsterblichkeit gewiß: wochenlang hat er unverzagt auf dem Yangtsekiang dem Feuer der Kommunisten getrotzt. Seine Tapferkeit leuchtet ihm aus den Augen. »Viel Feind, viel Ehr«, scheint er zu sagen.

Reicht's ihr?

Bei Katzen weiß man nie. Ihre ernste, fast abweisende Miene kann auch die Folge von Milchrationierung oder Schwanzziehereien sein, es kann sich aber auch um strenge Grübeleien über die Torheit der Menschen handeln. Aber ich hatte immer das Gefühl, daß Katzen lange, lange Gedanken denken... Wenn ich sie nur lesen könnte.

Augen hoch

Wir leben im Jet-Zeitalter, aber Katzen – die vernünftigere Geschöpfe sind als wir – interessieren sich nicht weiter für Flugmaschinen. Meine eigenen Katzen ignorieren sie ganz und gar. Sogar wenn ein funkelndes stromlinienförmiges Ungeheuer auf Baumwipfelhöhe über den Garten donnert, machen sie sich nicht die Mühe, sich danach umzusehen.

Sie sind in wichtigere Dinge vertieft. In die fliegenden Löwenzahnschirmchen an einem Sommertag, in die silbernen Flügel von Libellen, in das Rascheln eines verwelkten Blattes am Zweig einer Blutbuche ...

Winter

Sehen Sie:

Drei Sätze Pfotenabdrücke beginnen am Fuße des Walnußbaums und breiten sich dann fächerförmig nach Norden, Osten und Westen aus. Auf dieser makellosen Oberfläche besitzen sie eine gemeißelte Eleganz, als hätten die Katzen sich mit besonderer Sorgfalt und Grazie bewegt. Wie wundervoll wäre es doch, schrumpfen zu können, klein und pelzig zu werden, sich als stolzer Besitzer eines Schwanzes wiederzufinden, und dann in diesen Pfotenstapfen zu wandeln! Und jede von ihnen, da können wir sicher sein, könnte eine Abenteuergeschichte erzählen!

Bildnachweise

Cover: Bert Burkhardt, Berlin
Seite 2: Keystone Press Agency
Seite 5: Petra Häußer, Berlin
Seite 6, 17, 35, 61: Sylvia Born, Maulbronn
Seite 9: Peter Bley, Pattensen
Seite 11: Ina Peters, Hofheim
Seite 13, 15: Wolfgang Lauter, München
Seite 19: Margret Genneper
Seite 21, 45: Lilli Gast, Berlin
Seite 23: Olaf Plotz, Vaale/Holstein
Seite 25, 51: Walter Chandoha, Annandale, USA
Seite 27: Heiko Neubert, Gelenau
Seite 29: Andrey Andersson
Seite 31 Bernd Schellhammer, Großstadelhofen
Seite 33: Horst Schüller, Hochheim
Seite 37: Norbert Riemer, Gersdorf
Seite 39: Mirrorpic
Seite 41: J. Gajda/Len Sirman
Seite 43: Imperial War Museum, London
Seite 47: Stephe Bruin, Amsterdam
Seite 49, 63: Irmgard Bühne, Bockhorn
Seite 53: Maria Peters, Hamburg
Seite 55: Annette Timmermann, Stolpe
Seite 57: Bishops
Seite 59: Katja Andresen, Hamburg

Wir danken allen Photographen für die freundliche Genehmigung zum Abdruck. In einigen Fällen ist es uns trotz intensiver Nachforschungen nicht gelungen, die heutigen Rechteinhaber zu ermitteln. Wir bitten diese, sich mit dem Verlag in Verbindung zu setzen.

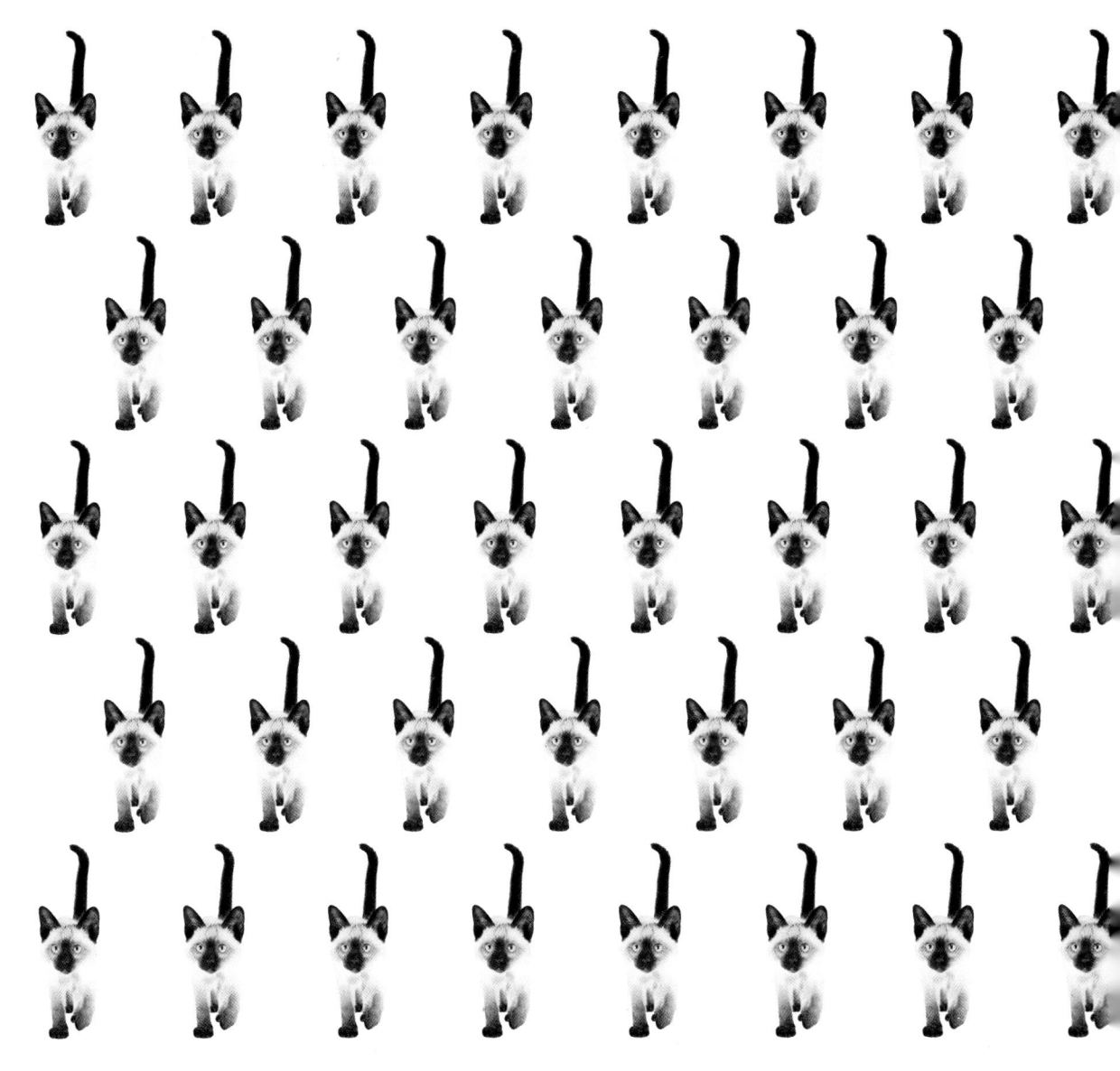